OBSERVE
les
Tailles

Conseiller éditorial : Nicola Tuxworth

manise

Petit et grand

Certains objets sont petits, d'autres grands ou gros.

petite serviette
de toilette

grande serviette
de bain

gros et petit boutons

gros et petit bulbes

grande et petite clés

grosse et petite perles

grand

petit

Grand, plus grand, le plus grand

Tous ces nounours sont grands…

grand   plus grand

...mais de tailles différentes.

grand

plus grand

le plus grand

le plus grand

Petit, plus petit, le plus petit

Tous ces objets sont petits.

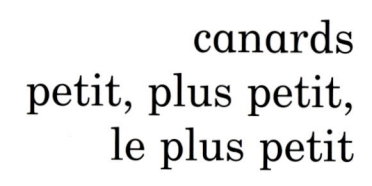

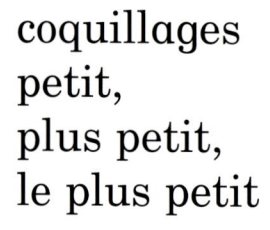

canards
petit, plus petit,
le plus petit

coquillages
petit,
plus petit,
le plus petit

Quel est le plus petit bateau ?

nœuds
petit, plus petit,
le plus petit

billes
petite, plus petite,
la plus petite

tasses
petite, plus petite,
la plus petite

boîtes
petite, plus petite,
la plus petite

petit   plus petit   le plus petit

De même taille

Les deux objets d'une paire sont de même taille.

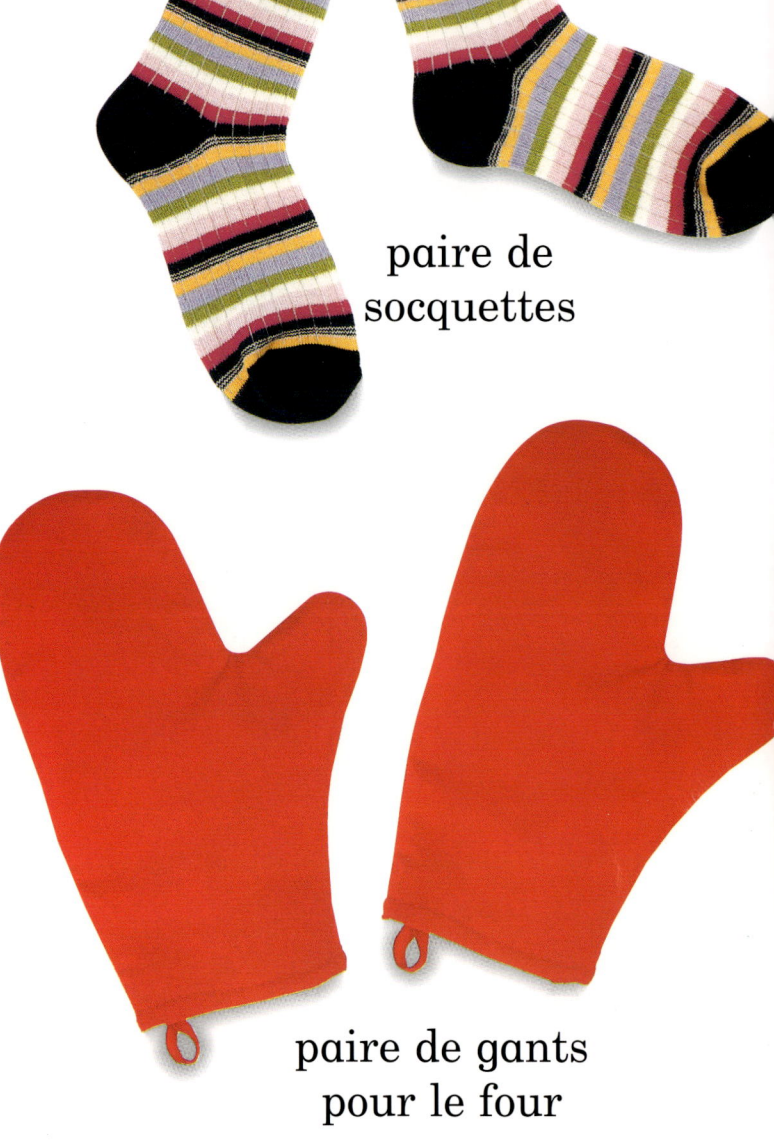

paire de socquettes

paire de chaussures

de même taille

paire de gants pour le four

Des objets différents peuvent être de même taille.

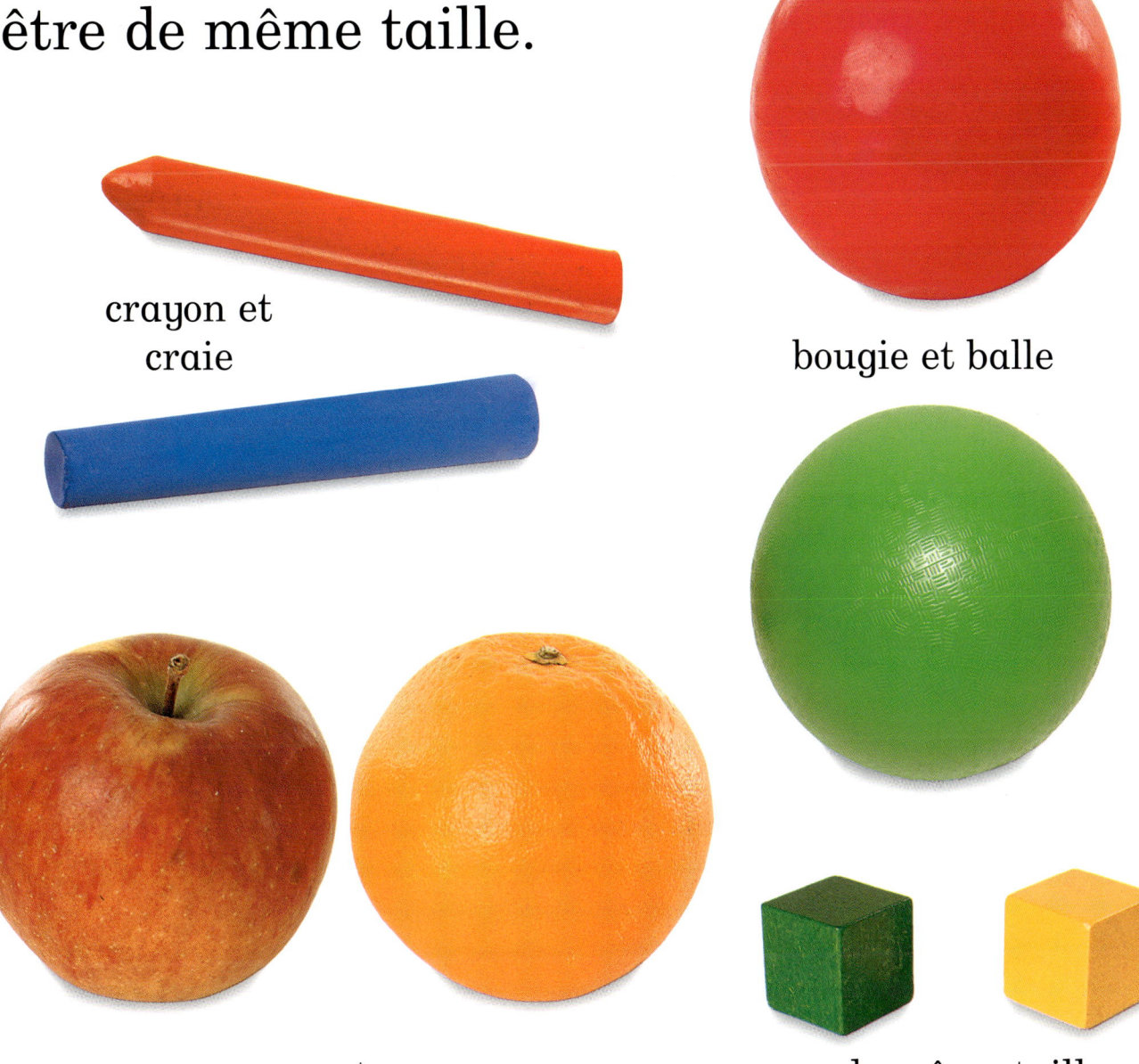

crayon et craie

bougie et balle

pomme et orange

de même taille

Trop grand et trop petit

Les vêtements que nous portons doivent être de la bonne taille.

trop petit

trop grand

trop grand

Ces chaussures sont-elles de la bonne taille ?

trop grand

trop petit

Long et court
Certains objets peuvent être longs ou courts.

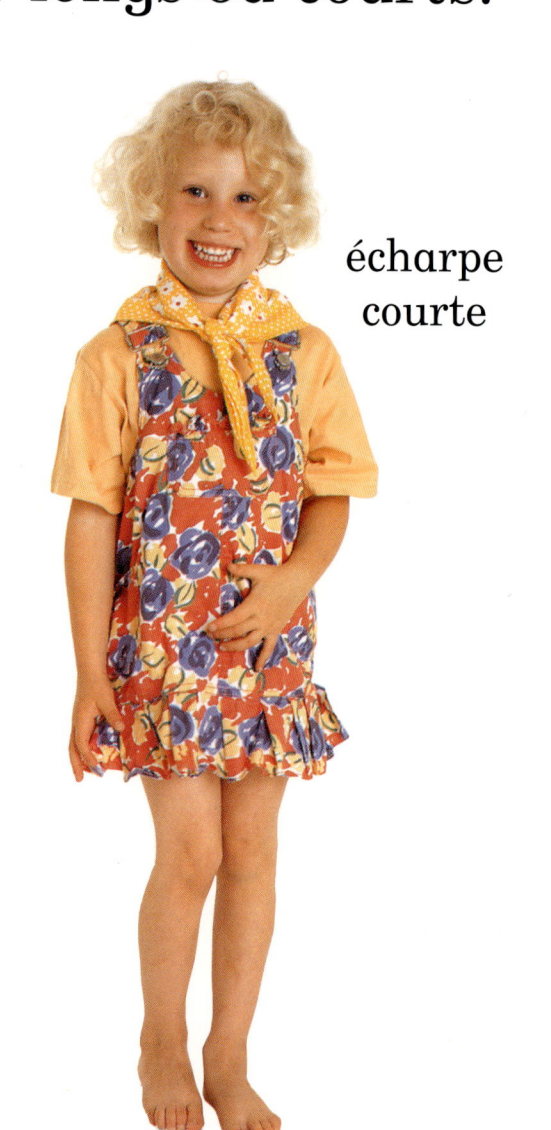

écharpe courte

écharpe longue

cheveux
long et court

queues longue
et courte

tiges longue
et courte

long

court

Épais et mince ou fin

Certains objets peuvent être épais ou minces.

deux nattes épaisses

plusieurs nattes fines

tranches de pain épaisse et mince

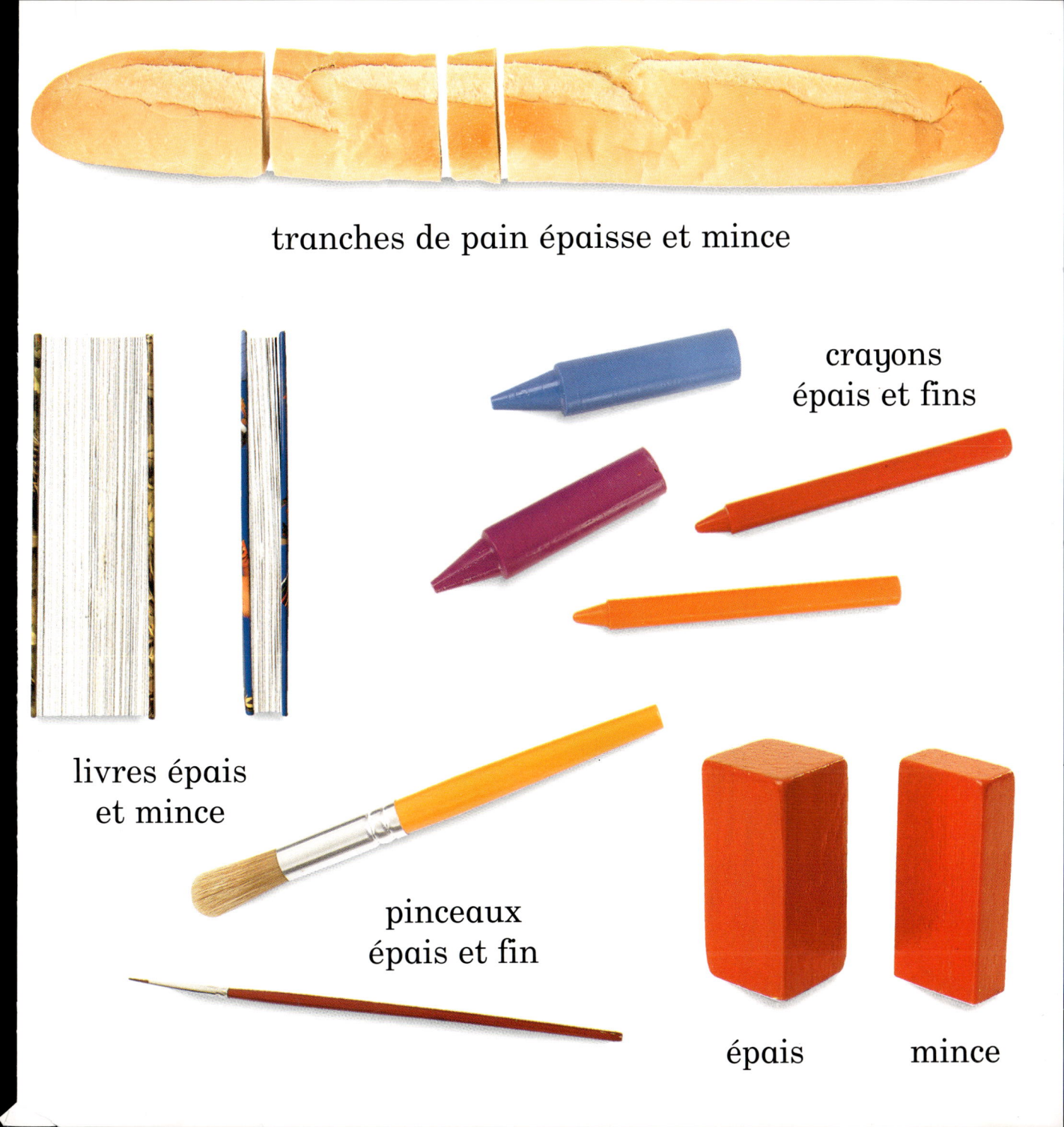

crayons épais et fins

livres épais et mince

pinceaux épais et fin

épais　　mince

Haut et bas
Certains objets peuvent être hauts ou bas.

tour haute chancelante

tour basse stable

vases
haut et bas

bouteilles
hautes et basses

haut

bas

Large et étroit

Certains objets peuvent être larges ou étroits.

espace large

espace étroit

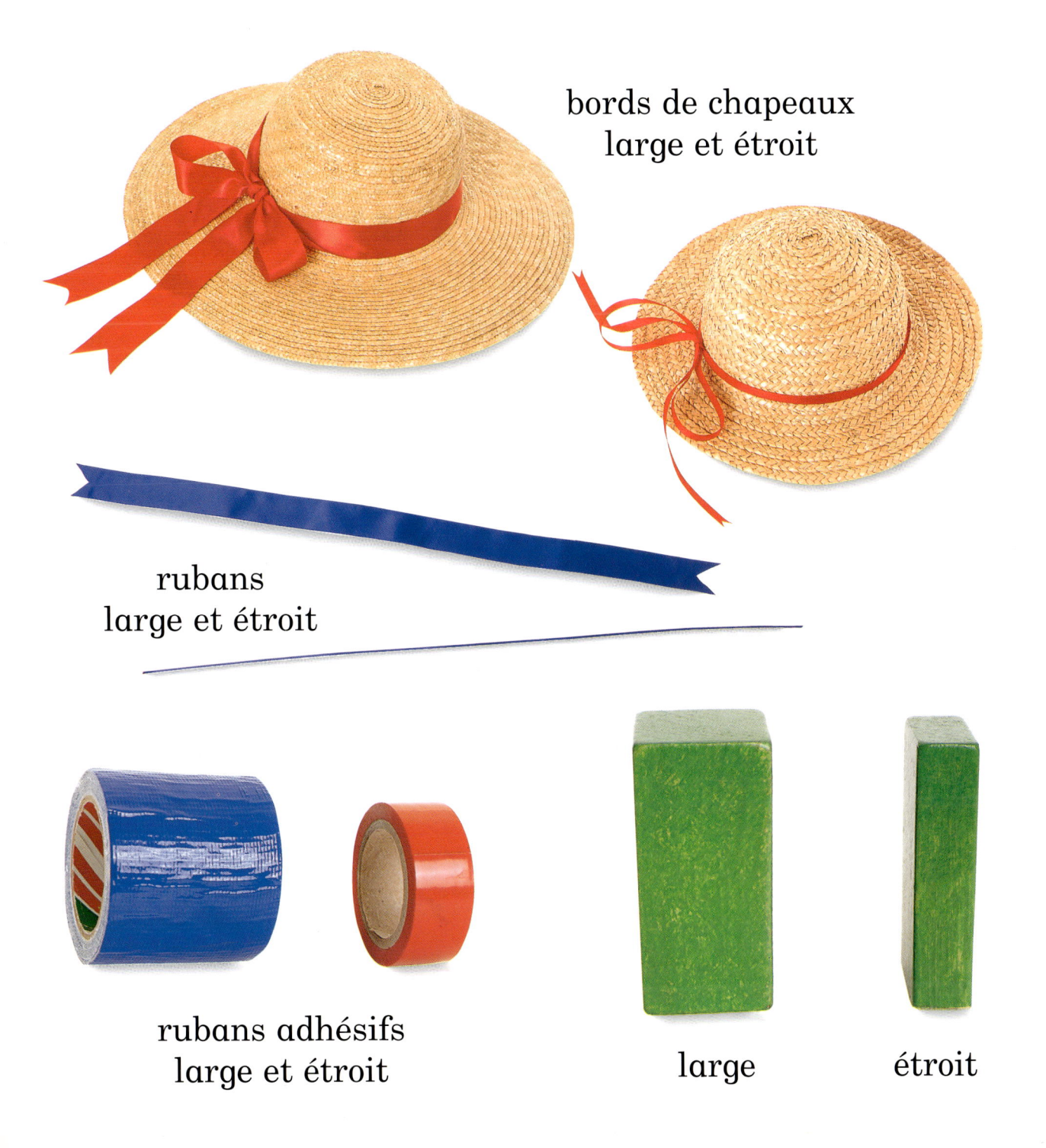

bords de chapeaux
large et étroit

rubans
large et étroit

rubans adhésifs
large et étroit

large

étroit

Minuscules objets

Certains objets sont minuscules.

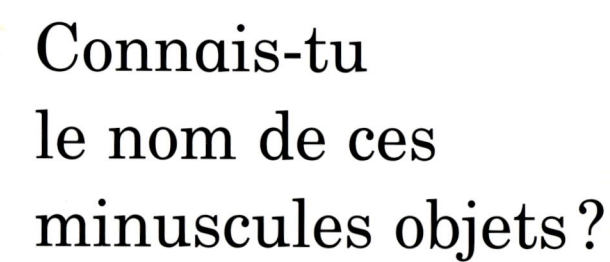

minuscule

Connais-tu le nom de ces minuscules objets ?